JN418196

바람 소리

모아드림 기획시선 150

바람 소리

조만조 시집

모아드림

| 시인의 말 |

바람 소리

한세월 가로질러 흐르는 강물의 넉넉함을 바라보다 문득 놀빛 수면에 얼비친 너무나 작은 내 모습을 새삼 발견할 수 있었습니다.

헛디딘 발걸음을 후회도 했었지만 그때마다 세상은 더욱 질퍽하고 숨찬 길을 내보이곤 하였지요.

흔들리는 것들은 나무들뿐만 아닙니다. 마음을 흔드는 바람 역시 어쩌면 삶의 끈끈한 동반자, 무심코 떠난 세월 잠시 되돌아보게 되면 결국 우리들은 또 다른 곳으로 떠나야 할 한낱 시간의 소리에 불과한 것을… 먹고 사는 일에 매달린 고된 일상 매사 연줄 엉키듯 마음같이 잘 풀리지 않을 땐 따스하게 우려낸 한 잔 찻잔 속 그 은은하고 깊은 은유의 향을 음미해보는 것도 위안의 한 방법 아닐는지요?

산다는 것은 바람, 즉 바람 소리처럼 잠시 잠깐 소란 떨며 떠돌다 자연으로 돌아가는 일일 것입니다.

느지막이 귀농한 농부의 초심으로 정성껏 수확한 한 권의 열매를 선보입니다.

2018년 가을
조 만 조

차례

시인의 말

제 1 부

바람 따라 구름 따라 _ 013
목석 _ 014
벌레 먹은 사과 _ 015
수선화 당신 _ 016
왕유를 만나다 _ 017
지렁이의 뼈대 _ 018
파 _ 019
공 _ 020
바람 소리 _ 022
못 박기 _ 023
나, 가진 것이라곤 _ 024
공수래공수거空手來空手去 _ 026
내 통장의 잔고 _ 027
독버섯 _ 028
동거 _ 029
12월 _ 030
저울질 _ 032
육손이 _ 033
서생원과의 동거 _ 034
첫눈의 기억 _ 036
부음訃音 _ 037

제 2 부

겨울바다 _ 041

겨울나무는 지금 _ 042

교감交感 _ 043

티베트산정 _ 044

궁금증 _ 045

뜻 _ 046

무제無題 1 _ 047

무제無題 2 – 사계절 _ 048

에밀레종 말을 잃다 _ 049

안산호랑이 _ 050

어머니의 두 얼굴 – 치매 _ 052

억새꽃 _ 054

고향서정故鄕抒情 – 구산가는 길 _ 056

풍각 장터 _ 058

낙동강 _ 060

독도 _ 062

청도소싸움 _ 063

연등 _ 064

연꽃 _ 065

당산나무 _ 066

말이 씨가 된다 _ 067

차례

제 3 부

문답 – 스님과 바람 _ 071
물구나무서서 보는 세상 _ 072
임대주택 _ 074
어떤 동거 – 벽시계와 나 _ 075
누리 _ 076
수의엔 호주머니가 없다 _ 078
둥근 것에 대하여 – 윤회 _ 080
글씨 _ 081
마침표 _ 082
먼지공화국 _ 083
방심 그리고 탈출 _ 084
불면不眠 _ 086
순리 _ 087
습관 _ 088
미완성 _ 089
단풍잎 한 장 _ 090
옥편에서 만난 두 글자 _ 091
길은 발자국들 먹고산다 _ 092
과열過熱 _ 093
첫 손님 – 조간신문 _ 094
가을 그리고 동행 _ 096

제 4 부

탑은 휘어지지 않는다 _ 099
중간 _ 100
걸레 _ 102
폭포 _ 103
달팽이 _ 104
천상의 쿠데다 – 월식 _ 105
투신을 생각한다 _ 106
나이엔 신호등 같은 것 없을까 _ 107
CCTV _ 108
찻잔 속 추억 _ 109
고장났지만 시간은 간다 _ 110
위로 흐르는 물 _ 111
바위꽃 _ 112
봄비 _ 114
빈 소주병 _ 115
빈 집 식구들 _ 116
소화기 안 되는 날 _ 117
차가운 우편물들 _ 118
어떤 초대 _ 119
풍란 _ 120
촛불 _ 121

해설 _ 122
균형과 구체의 힘으로 가 닿는 자기 긍정의 시학
유성호(문학평론가, 한양대학교 국문과 교수)

제 1 부

바람 따라 구름 따라

주고받던 정일랑 허공 속
묻어두고
바람은 떠나자 하고
구름은 쉬어가자 하네!

가을 볕 귀뚜라미 소리에
어혈든 단풍잎
한세월 오가는 일
내 마음 네 뜻이던가?

헛디딘 허물일랑 달빛 속
묻어두고
강물은 떠나자 하고
청산은 쉬어가자 하네!

목석木石

생김새와 성격이 너무 다른 그래도
생각만큼 서로 같아
등 기댄 채 살아가는 이웃들이다

바람에 흔들리는 마음의 빗장 열며
하늘 떠받치고선 나무들,
투항을 거부한 장수처럼 뒤엉킨 생각의
실타래 풀고 앉은
바윗돌 심드렁한 표정, 세상은 그들을
목석이라 한다

알아차리지 못할 수화手話는 언제나
통역사 같은 그들
바람의 몫, 넝쿨 숲들은 말 한다 삶은
팽팽한 줄 당기기라고!

건너 편 강섶 산그늘에 묶인 낡은
목선 마냥 한 가닥
놀빛 꿈마저 저당 잡힌 나를 사람들은
목석이라 한다

벌레 먹은 사과

그녀의 붉은 뺨 살며시 귀대고
듣다 보면
사각사각 굴착기소리 들린다
우윳빛 촉촉한 몸 속
터널공사 하는 자 누굴까 닫힌 공간
열릴수록 더욱 커져가는
때론 상처도 길일 수 있다

새하얀 속살 엉겁결에 내준
그녀
바리게이트 쳐진 씨방만큼 절대
내줄 수 없다며 오뚝이마냥
버티고 앉아 세상에 상처 없는 삶
어디 있겠냐며
신징직인 포즈 취한다

수선화 당신

1.
이른 아침 베란다 창가 햇살과 함께
당신을 만날 수 있었지!
새하얀 뿌리 둥글게 묻고
초록색 블라우스 연분홍 가녀린 얼굴로
살포시 미소 짓는,
수다도 시샘도 말 한마디 해코지할 줄
모르던 그 청초함이 오히려
바보스럽기도 해 마음 짠하던,

2.
삶의 한겨울 건너자며 헌 신문지로
깨진 창문 덧붙이던,
아이들 얼굴은 왜 그리 까칠하고 창백하던지
헐뜯으려 덤비는 벌레들 속
힘차게 내뻗은 줄기 잎
그리도 강인할 줄 미처 몰랐소!
있는 듯 없는 듯 다소곳이 비껴 앉은
수선화 당신을 사랑하오!

왕유王維를 만나다

한 폭에 심은 두 계절
자두꽃과 국화,
모두들 계절을 혼돈했다고 야단이다
이합집산에 익숙한 구름떼서리와
허접쓰레기들
어울리지 않는 것들과의 하모니
왕유, 그가 혼돈한 것은
분명 허물어뜨릴 수 없는 관념의
벽 무너뜨린 것 아닐까?

아상我相을 죽이지 못해
세상 물결에
휩쓸릴 줄 몰랐던 한낱 모난 돌멩이인
나, 문득 만나게 된 왕유*
조화와 부조화 사이 상생을 고민했을
그,
봄과 가을 한 폭에 불러들인 이유
이제 알 것 같다

*왕유王維: 중국(당나라) 시인이자 화가

지렁이의 뼈대

낮게 더욱 낮게 엎드려야
살 수 있는 생애,
늘였다 당겼다 땅 속 길 읽기가
이렇듯 어려울 줄이야!

빠르고 느린 것은 속도의
개념에 불과할 뿐
말없이 그어대는 한 줄기 획,
징그럽다는 편견 때문
하필이면 이 습한 어둠속일까?

굼지럭굼지럭 일어서고픈
욕망
퍼렇게 등줄기 내밀 때마다 뼈 없는
설움 맛보았으리라!

순하디 여린 시냇물도 때론
딱딱하게 성깔 내듯
온몸이 발인 낮은 포복 자세,
밟힐수록 더욱 세차게 꿈틀거리는
오기가 바로 그들 뼈대

파

빳빳하게 선 너를 보면 성난 남성을 생각한다, 뼈대 없는 속풍선처럼 비었지만 탱탱하게 세운 자존심 대쪽같이 번들거린다 아름답다 하기엔 어색한 남성의 당당함이 토해내는 미끈한 체액, 세상 여자들은 눈물 흘린다

젊음과 백발, 한 몸에 지닌 그들 집성촌 파밭에 들어서면 창검을 치켜든 천병만마千兵萬馬 도열한 모습 같아 절로 아랫도리 뿌듯해진다
퍼렇게 치솟기만 하던 욕망, 뿌리째 허물어지며 삶길수록 더욱 부드럽고 들큼하게 우러나는 맛, 우리도 그들마냥 죽어서 단맛 낼 수 없을까?

공

1\.
모난 것 보다 둥근 게 낫다고
생각한 걸까
팔과 다리, 머리통까지 둘둘 말린
단세포 같은 몸
어쩌면 좌절할 수밖에 없는
신체구조상의 결함
텅 빈만큼 언제나 배고픈 승부욕,
그들은 주장한다 남들보다
앞서기 위해 최첨단 과학의 두뇌로
둥글게 진화한 것이라고!

2\.
배드민턴공인 난 식구들과 달리
날개가 달려있어
어쩜 돌연변이突然變異 일지도 모른다
이쪽 저쪽 신나게 날아다니다
어쩌다 실족해 떨어지기라도 하면
야유가 빗발친다
지퍼문신 선명한 야구공인 형은
나보다 약간 크지만 간혹 월장해 곧잘
함성을 몰고 온다

3.

우릴 사이 두고 쉽게 과열過熱되는
사람들과 뒹굴다 보면
세상사 긍정적으로 보이기도 한다
허구한 날 노예처럼 걷어 채이고 실컷
두들겨 맞는 게
오히려 행복한 우리네 공들

바람 소리

얼굴도 몸통도 없는 익명의
방랑자,
아득히 산모롱이 돌아 들판 질러
휘-휘 휘파람 불어대며
어차피 함께 할 길손들 아니냐며
툭-툭 등 떠민다.

새 세상 새 삶을 향한 숨찬
질주,
나뭇가지와 깃발 흔들며 와-와
울부짖다 흐느끼다 때론
말갈기로 소문처럼 파다하던 그들
바람
분명 내 삶을 흔드는
악동들이고 동반자이다

소리는 보이지 않는 길이다
길은 흐르면서
더욱 슬픈 절규로,
앞만 보고 달리다 분명 떠날 때를
알고 사라지는
그들 바람이고 싶다

못 박기

두리번두리번 세상을 읽다가
문득 한곳으로 시선이 박히는 곳
쿵쾅! 쿵쾅!
고함소리 따라 캄캄한 미궁 속
서로 길이 된 힘찬 발걸음

바른길만 고집하는 성격 때문
더러는 튕겨나
탈선을 시도하지만 결국
밖은 안이 되고 안은 밖이 된 그들
격렬한 포옹

다문화가정마냥 출신과 성분이
너무 다른 그들
한 마음 한 몸 되기까지
세상은 더 큰 고통과 보람 또한 줬다
그들 사명은
삶의 무게 나누는 일

나, 가진 것이라곤

1.
나, 가진 것이라곤 칠순의
나이뿐
쉬엄쉬엄 강물처럼 떠나버린 세월
붙잡지 못한 내 탄식
어느 질척한 다리 밑 집 나온
개 마냥 어슬렁거릴 뿐

내내 헛딛기만 하던 내 무딘
발걸음
후회한들 무슨 소용
내가 나를 사랑하지 않는데 누가 날
좋아해주길 바라겠느냐
여기까지 나를 운반했던 시간들
빠른 걸음의 물살로 떠나고

2.
나, 가진 것이라곤 시인이란
초라한 모자뿐
한땐 길 없는 길 비상飛上하는 새들의
부푼 나랠 꿈꾸며 빵도 술도
안 되는 그 가상한 무채색 생각 때문
짊어진 등짐은 늘 허기뿐

가장 잘 발효되고 숙성한 시를
빚고픈 욕망은 결국
빈가지 외롭게 내걸린 한 잎 어혈든
단풍잎
이제 곧 집념의 매서운 겨울이 길 밖
길에서 아마
날 기다리고 있겠지!

공수래공수거空手來空手去

배내옷과 수의壽衣엔 호주머니가 없다

내 통장의 잔고

언젠가부터 이곳 시장어귀 자리 잡은
농협지소 하나
온통 숫자들로 가득 찬 그의 머릿속엔
셈밖에 모른다
제각각 무늬와 색깔들로
마음의 채마밭 일구기에 분주한
사람들,
쭈뼛쭈뼛 키 재기하는 건물들 사이
숨어있던 바람
갑자기 플라타너스 누릇한 잎사귀 한 장
휙! 세상 밖 내던진다

비워야 채워진다는 난해한 물음표 사이
주는 대로 받아 삼킨 내 낡은 통장,
삼킨 만큼 남았어야 할 잔고,
자꾸만 줄어드는 아리송한 계산방법
네거리 신호대마저 알 수 없다는 듯 연신
눈만 깜빡거린다.
더 이상 채워놓을 수 없는
내 생生의 잔고,
얼마 남지 않았음을 알아차린 순간
갑자기 모든 것들 낯설게 보인다

독버섯

응달진 산속 어둑한 습지가
우리네 집
밤 여인들 마냥 눈웃음 흘려보지만
벌 나비, 바람마저
손가락질해대고 보니
독한 마음으로 살 수밖에,

우리에게 당한 상처 때문
집안 기둥이 쓰러졌다는 소리
더 이상 하지 말라
하늘 떠받던 하찮은 목숨 함부로
해코지 않는다면
피차 원수질 일 없을 터!

화려한 만큼 고독한 생애
한 세상 살기 위해 우리들에겐 오직
오기와 위선뿐

동거

산이 터널을 허용하듯 하찮은 벌레에게 몸 속 길을 내 준 알밤 고른다. 그 옛날 어느 도공의 땀 흘려 빚은 유약인 듯 반질반질 한낮의 윤기 속 숨어사는 것들

아무도 모르게 물소리 실어 나르던 PVC파이프와 녹슨 관 마냥 어둠과 함께하던 구멍 속 소리들 바깥 엿보기에 바쁜 하루 겉은 번지르르하지만 속은 만신창인 알밤과 벌레들의 껄끄러운 만남을 보며 어쩌면 내 몸속 어딘가도 허연 뼈와 살점 갉아먹는 적들과 동거중일지도 모른다는 섬뜩한 생각, 하기사 한 세월 부대끼며 살다보면 상처 없는 온전한 삶 어디 있겠는가?

12월

사계절四季節의 열 두 형제 중
막내,
겨울나목의 마지막 잎새인 양 면벽의
금간 세상 목덜미 잡힌 채
앞서 떠난 계절들 소란 떨던 소리와
이별의 아픔 다독거려야 했다

달력에 동그라미 치지 않아도
올 것들은 오고
갈 것들은 떠나던 이정표 없는 길목
걸어온 길마다 울퉁불퉁
손마디 같아 절로 서글퍼지는

육신이 떠나는 마을의 가지 위
목 빼들고 앉은 까마귀들
그들은 누구에게 부고訃告받고 왔을까
떨어져 나간 피붙이들보다
먼저 와 호곡하니 걸 다르고 속 다른
저 울음과
음흉한 깃털 좀 봐라!

문밖,
무엇을 더 가리고 숨길 것 있다고
눈은 또 희끗거리나!

저울질

예리한 눈금이 생명이다
어느 한쪽이 기울거나
치솟으면 체급을 올리거나 내리도록
지시한다

선수와 관람객들 한데 어울린
칠성시장 건어물전
시끌벅적 날마다 계속되는 경기,
털끝만큼 편견 하나 끼어들 수 없는
판정은 언제나 무승부지만
덤으로 얹힌 건 심판관인 주인의
둥근 마음

빨랫줄의 빨래들이 햇살과 바람
불러들이는 것은
불어난 그들 몸무게 때문,
수많은 하늘의 별자리들 때론 지겹고
어지러운 삶이지만 그래도
세상은 공평하다며 손뼉 친다

뭔가에 쫓긴 듯 늘 허둥대기만 하던
나 또한 누군가
저울질하고 있지 않을까

육손이

가위에 탯줄 끊긴지 어언
칠십여 년
얼비친 내 유년幼年의 기억 속엔
손가락이 여섯인 육손이란
아이가 살았었고 흡사 붕어빵 같은
그와 그 어미,
집안 대소사 때마다 단 한번도
눈도장 찍지 않은 적 없는
양푼이 그릇과도 같은 그들

가분수마냥 유별히 큰 머리에
드럼통 같은 몸매,
늘 히쭉히쭉 웃음꽃 피우던 약간의
지체장애肢體障碍가
그들을 천사로 만들었다

동사洞舍에 얹혀살며 말로는
하소임이라지만 실은
먼 친척뻘, 담벼락에 내려앉는 초겨울
햇살만큼 정겹고 따사롭던
툇마루 쓸던 소슬바람처럼 말없이
떠난 후론 한 번도
그들 모자母子 본 적 없다

서생원과의 동거

뾰로통한 주둥이와 난대 알
같은 까만 두 눈
무엇이건 쩝쩝거릴 것만 있으면
행복해하는 녀석들
부뚜막과 살강 위, 보리쌀 소쿠리가
놈들 주된 일터
어릴 적부터 콧수염을 기른
꽤나 부지런하고 영민한 녀석들이다

내 유년幼年의 천정은 언제나
녀석들의 운동장
군용담요마냥 어둡고 칙칙한 곰팡이
냄새 속에서
어미와 아비, 형 누나 삼촌들까지
죄다 모여 다다닥! 우당탕탕!
얼굴 위 천정 함부로 뛰어다니며
수채화 그려대던
그때마다 난 녀석들 요란한 표정만
짜증스레 읽을 뿐
내가 할 수 있는 일이라곤
윗목의 빗자루로 쿵 쿵 몇 번이고

천정을 두들기는 것이 전부

한집 한방 녀석들과의 껄끄러운
동거同居는
유년 내내 계속되었다

*서생원: (속어) 쥐

첫눈의 기억

젖은 톱밥마냥 서로들 체온 감싸던
어느 소읍
정년퇴임 앞둔 목사님 설교인 양
장독대며 옥상, 사철나무 울타리
소복소복 전해지는 복음

각종 구호와 피켓들 난무하던
이웃 도시 시위대완 사뭇 다른
무질서해 뵈지만 너무나 질서정연한,
한마음 한뜻으로 포개지는 은빛 행렬들

이곳 소읍을 끌고 가던 샛강
천상天上의 순리
아예 받아들일 생각 않는다.
무수한 삐라와 설교로 설득하지만
경계선만 고집할 뿐, 요지부동

그날 밤 자정 넘어 쇠심줄 같은 그 고집
결국 스스로 굳어지는 변증의 논리 앞
꺾여버린다
이튿날 설국雪國의 소읍엔
엉금엉금 거북이들로 가득하다

부음訃音

구름들의 쿠데타로 태양이
감금되던 날
부산하던 아침이 막 떠난 후
포연 같은 담배연기 내 후미진
협곡 휩쓸고 다닐 때
황급히 달려온 전화벨 소리

움켜쥔 손아귀 너무 힘겨웠을까
최후의 방위선인 생의
외줄 놓아버렸다는 당숙堂叔

창밖, 서너 장남은 백목련
뭉툭한 가지 위
무엇이 궁금한지 아까부터 자꾸만
방안 기웃거리던 박새 한 마리
9시 방향인 서북간 꼬릴 돌린 채
자꾸만 허공 쪼아댄다.

길 건너 동보한의원 3층 옥상
멈춰 섰던
풍향계 다시 돌아가기 시작한다.

제 2 부

겨울바다

북어 눈알같이 잔뜩 찌푸린
하늘,
어지럽게 떠있는 부표들과 허기진
갈매기들 아우성

안개 낀 방파제 철썩 철썩
누군가 직사게
두들겨 맞고 있다 허옇게 게워내는
저 거품과 신음소리

파도 따라 떠난 지 저-지난
겨울,
별처럼 얼어붙은 뜬눈의 바다마을
밤새 불이 켜져 있다

겨울나무는 지금

캄캄한 안개 속 호수는 입
다문 채 누워있다
갈 곳 찾아 아우성치던 낙엽들마저
옴짝달싹 않는 이곳에서
침묵은 가장 단호한 외침이다
높은 곳을 향한 정신은 언제나
곧고 푸르다

살을 깎듯 인내한 침묵 또한
크나큰 말씀,
제 몸의 분신 긴 그림자 늘어뜨린 채
참선參禪중인 그들 어쩌면
나무들 삶이 천 길 절벽을 흔드는
바람의 울음 같다

잎 떠난 가지 열매인 양 매달려
몇 번의 겨울을 맞고도
늘 낯설어하는 멧새들 울음
미래가 곧 과거라는 논리로 속절없이
늙고 있는 나 또한
지금 겨울을 건너는 중이다

교감交感

새끼손가락 걸지 않아도 바람과 나무들은 미리 만날 장소와 시간 정한 걸까? 다신 휘말려들지 않을 것 같던 그들 언제나 부딪치는 소리로 만난다

유리창에 인화되던 풍경화 한 폭 불쑥 내게로 다가선다 분명 지켜야 할 어떤 약속 때문 저렇듯 분주할까 후루룩 계약을 파기하듯 갑자기 새 한 마리 빗금 친다

공휴일 같은 허공 눈여겨 보게 되면 수많은 소리와 널브러진 문양들 뭔가 알아들을 수없는 주파수로 열심히들 송수신하고 있음을 알 수 있다

문득 난시청인 내 녹슨 안테나 지지 찍, 찌 직, 지지 찍, 찌직 수신되는 신호음들

티베트산정

허옇게 치솟은 몸은 저 멀리
떠있는 카시오페이아좌,
싸늘히 포갠 침묵 또한 언제나
무겁고 단호했다

영혼을 인도하듯 콘도르의
긴 활갯짓
한 잔의 야크 젓 힘으로
다람쥐마냥 하늘 길 넘나드는
구릿빛 소년들
그들은 이곳의 종소리다 종소린
언제나 맑고 푸르다

탁발승들 기도문소리 따라
간절히 펄럭이는 깃발들
저쯤 오체투지五體投地*로 다가서는
수행의 머나먼 길

*오체투지: 먼저 무릎을 땅에 꿇고 두 팔 땅에 짚고 머릴 땅에 닿도록 절을 하는 경례 방법.

궁금증

흔들리는 나무들 상체 보지 않고
하늘의 뜻 읽을 수 없듯
강기슭 웅성대는 강풀들 질퍽한 사연
듣지 않고 강물의
깊은 마음 헤아리지 못 한다

시간의 채찍 단 한 번 느긋하게
기다려 준 적 있던가?
나름의 일상 추스르며 모두들 제자리
지키기에 바쁜 하루가
스멀스멀 어둠 속 안겨든다

갸우뚱! 갸우뚱! 꼬릴
하늘과 강 번갈아 찍어대던
물총새 한 마리 그만 자릴 떠버린다

뜻

가득 말을 담은 그릇 비워본다
말꼬투리 하나 우려낸 말의
국물 한 방울 쏟아지지 않는다. 분명
수많은 말들 가득 담아 놓았는데
혹, 다른 그릇에 옮겨놓진 않았을까
샅샅이 그릇들
뒤져보았지만 허사였다

발 없는 말 천리를 간다했던가
내 아둔한 생각 늪 속
헤매고 있을 때 빈손 흔들며 걸어오던
바람, 넌지시 귀띔해준다 말들은
우리네 바람같이 눈엔 잘 띄지 않지만
때론 태산마저 움직일
무서운 힘 숨기고 있다 한다

쓸어 담을 수 없이 내쏟아버린
말들의 홍수 속
허우적거리는 나를 새삼 발견한다

무제無題 1

슬쩍 허공 한 줌 쥐어본다
텅 빈 것 같지만 뭔가 한 움큼
가득 만져진다.

햇살과 먼지 알갱이, 실구름에
마른 번개소리,
새소리와 비바람의 눅눅한 씨앗과
이름 모를 꽃향기들

이렇듯 만원들이고 보면
아득바득 살다 떠날 내 가난한
영혼,
안주할 곳 그 어딜까

무제無題 2

– 사계절

시건방진 여름과 겸손한 겨울 사이 봄 가을은
늘 수줍고 황당하다

에밀레종 말을 잃다

1.
허물어지는 고통보다 더 큰 말을
잃은 슬픔
고집스레 버텨온 파문의 길
바람의 부드러운 손길들이 위무慰撫한다
좌우익으로 뿌리내린 몸속의 긴 내란
말없이 허공 움켜쥔 채
녹슬 줄 모르는 별들이 부럽다

2.
콧등 시큰하도록 한세월 울기 위해
태어난 몸
돌이켜보면 세상은 한 장의 둥근
바다, 파르르 나뭇잎 한 장에도 뜻 모를
소리들, 파도가 치면 울먹이고
종이 울면 파도치던 세상 향한 소리들은
모두가 아픈 걸까
아픔 없는 소린 종소리가 아니다

3.
녹 냄새 진동하는 텅 빈 바다,
이제 세상 이야기에 귀 기울일 시간

안산호랑이*

주룩주룩 불을 쏟는 황갈색 진한
줄무늬
큰 산 큰골에 산다는
큰짐승 이야긴 저녁밥상 물린 아버지의
주 레퍼토리,

느지막이 맞은 손님 덕분 얼굴엔
드문드문 달갑잖은
마마자국, 유난히 윤기 흐르던 희고 긴
턱수염 카랑카랑 기침과
고함소린 왜 그리 큰지, 간담 또한
서마지기 논배미만 하셨다

마른버짐 번지듯 지긋지긋한 가난
여덟 아홉 식솔에
서포살이 두 칸 방, 끼니 땐 남세스러워
종종 빈 솥에 물 붓고 굴뚝연기 피웠다는
어머니,
큰짐승 산다는 수봉산 마령(재)
하루가 멀다며 밤낮없이 넘나던 아버지의
고된 장사길,

근면검소 허기는 당신의 신앙이고 철학,
결국 큰 머슴 작은 머슴 꼴머슴에 그 귀한
화물자동차까지 굴리게 된
가근방 제일가는 부농의 꿈 이룬 집념의
안산호랑이

눈발 어지럽던 그해 섣달 열아흐레
몸져누운, 한세상 부대끼던
정든 집 뒤로한 채 북소리 만장행렬 속
포효도 없이 고샅길*따라 나섰다

*안산호랑이: 1900년~1960년대 초 필자의 고향
경북 청도군 풍각면 안산 1 리에 거주하셨던 부친의 별명

*고샅길: 마을의 좁은 골목길

어머니의 두 얼굴

– 치매

겨울안개 밤새 와글거리던 요양원
빛 바른 창가,
꼬깃꼬깃 접은 생각 수줍은 듯 살며시
펴 보이는 백목련 꽃잎들
벌 나비 한 마리 얼씬 않음을 눈치채곤
이내 시무룩해진다

혹, 계절을 헷갈리기라도 한 듯
쫑긋쫑긋 귀 세운 개나리꽃들
흠뻑 비를 맞고도 젖지 않던 맑디맑은
그 정신
오늘도 뒷산 뻐꾸기소리 따라 미궁의
안개 속 헤맨다

뭔가 찾는 듯 멍하니 창 너머로
내건 시선
그 깊고 잔잔하던 눈빛 옥갈린 칼날마냥
아들을 선상님이라 우기다
이내 화석처럼 굳어져버리는
훔쳐보듯 산 생애生涯 못내 서러운 듯
촉촉해진 속눈썹

너무 낯이 익어 오히려 낯설은
어머니의 또 다른 모습에서
평생 당신의 걸림돌이었던 나를 잠시
현상現像해 본다

억새꽃

결 고운 청솔가지마다 그윽한
송화松花 향
바람에 부대낀 멧비둘기 울음소리
침묵의 산자락 흔들어댄다

「바람의 꽃으로 한세월 억세게 살았노라」며
흰 머리카락 너풀거리는 억새꽃대궁
뭔가 아쉬운 듯 연신 손짓해댄다.

바위 손보다 거친 손발이고,
쥐고, 업고 평생
일을 분신인 양 매달고 사신 어머니
흰 수건 두른 머리한복판
정갈스레 빗은 고난의 가리마길

정화수에 뜬 초승달빛 희미한
기억 따라 미처
추스르지 못한 마음 한 장 띄워보지만
바람은 언제나 맞바람
간절할수록 상념想念의 늪 더욱
깊어만 간다

아득히 생인손 앓듯 아려오는
토담집 밥상머리
듬성듬성 애호박 썰어 넣은 구수한
된장국 맛 못내 그립습니다

*억새꽃: 산과 들에 자생하는 황백색의 다년생 풀꽃, 애틋하게 몸 흔드는 일명 바람꽃이라고 하는, 안쓰러운 듯 연신 손 흔들던 흡사 어머님 모습 같은

고향서정故鄕抒情

– 구산가는 길

비슬산 너럭바위 걸터앉은
저 구름아!
코스모스 늘어선 신작로 곧은 길로
나 좀 실어다오!

청대 숲 손짓하는 마을 뒤
안골 못엔 지금도
원앙새 두어 쌍 유유히 자맥질하겠지
상치며 정구지 내 유년幼年
풋감처럼 땡글땡글 살찌가던 토담 밖
텃밭, 허리 세워 반기던
파꽃 같은 환한 모습 못내 그리워
마음은 언제나 그곳에

문득 이명耳鳴의 종소리 들린다.
시간의 실타래 저 끝
폐교에서 우루–루 아이들 몰려나오고
덜커덩 덜컹 흙먼지 매단 완행버스
엾구리서 몇몇
낯익은 얼굴들 게워낸다

어미 소 풀을 뜯는 저-기 저쯤
자갈봇물 따라
뚜벅 뚜벅 걸어오던 수봉산 우뚝!
멈춰선 채 두 팔 벌린다

풍각 장터

청도 창녕 간 20번 지방도로 따라
타임머신 타고 보면
헐벗은 가로수마냥 헐렁헐렁 자꾸만
벗겨지는 고무신

뼛속 파고드는 동지섣달 칼바람
보릿고개 한파만큼 매섭고 시리다
빠지직! 빠지직!
소달구지바퀴 따라 십 여리
신작로 쉬엄쉬엄 몰려든 그 곳
온통 구름밭이다
무럭무럭 한 뚝배기 더 퍼주던 국밥집
아줌마 양푼이 같은 마음
시퍼런 겨울날씨 후끈후끈 데워준다
돔 배기며 간 고등어 어물전
비린내 코끝 적시는, 펑튀기 할아버지
검붉은 뿔테안경 무척 정겹다
성냥알갱이 한 됫박, 석유지름 한 병
양잿물과 짠 갈치 한 묶음씩, 형편 따라
통대구도 한 마리 물론
왕사탕 한 봉지도 빠뜨리지 않는다

두고두고 짠한 우리네 삶,
안사돈 바깥사돈 내외內外 없는 난장의
하루가 무척 아쉽다

화왕산 억새바람에 간당간당
떨어질 듯 매달린
삼동三冬의 짧은 해 저마다 장거리
이고진 채 파장 인사 바쁘다

*풍각 장터: 필자의 고향 경북 청도군 풍각면소재지 위치한 오일장, 전국에 알려진 큰 장터. 특히 우牛시장과 고추전 등이 유명하다

낙동강

1.
상수리나무와 바위틈새 살금살금
훑어 내린 숨죽인 발걸음
별 밭 속 꿈꾸던 황지연못 뒤로한 채
하얗게 나뒹구는 세월의 잔돌 따라 밤새
주고받던 모래톱과 대화,
산과 들 풍류삼아 더욱 도도해진
몸집 궁굴리며 하회탈춤 휘모리장단에
굽이굽이 펼쳐진 비단폭 칠백 리.

2.
동강난 철교 위 내걸린 영혼들
헹구어도 헹궈지지 않는
그날의 상흔傷痕 가슴 깊숙이 묻어둔 채
보다 넓은 세상 향해 쉬엄쉬엄
떠나온 길, 한바다 코 앞 두고 잠시
숨 돌린 을숙도,
점점이 찍힌 저 무리수들 하늘 번쩍 들어
올렸다 내려놓았다 장난 아니다

3

철따라 오가는 일 철새 때 뿐이랴!
이기利己의 불빛 따라
등 돌리기 십상인 인간 철새들
한마음 한 뜻으로 뭉치는 강물의 깊은
속내,
한 번쯤 되새겨 볼 일
서걱서걱 갈대숲 경작하던 갯바람들
온몸으로 마중한다

독도

은빛 너울 따라 우뚝 솟은
자존심,
쩍 벌어진 어깨와 실한 팔뚝 사이
바닷새들 힘찬 활갯짓, 해국海菊들과
술패랭이꽃들 활짝 반긴다.

일란성 쌍둥인 양 나란히 선
그 이름 동도와 서도,
흉골胸骨의 강인한 피돌기 속 우리들
뼈와 살,
민족의 뜨거운 혼이 숨 쉰다.

턱없이 찝쩍대는 날강도 따윈
아랑곳하지 않고 묵묵히 버텨선
동해의 수호신,
네가 있어 애국을 알았고 너로 인해
가슴 벅찬 자부심도 가졌지!

그 누구도 감히 넘보지 못할
작지만 크고 웅장한
너의 힘찬 맥박소리, 너는 너만의
것이 아닌 팔천만 우리
민족의 자랑이고 자존심이다

청도소싸움

꿈틀꿈틀 힘과 용맹, 지략이
불꽃 튀는
어퍼컷, 라이트훅 사각의 링 마냥
강력한 뿔 치기와 밀어붙이기
우직함이 오히려 전광석화 같은
그들 날렵한 몸짓

번개, 차돌이, 산적, 범이…
익살스런 이름만큼
뚝심과 끈질긴 승부근성 그들
만남은 어쩌면 피치 못할 전생의
숙명宿命 아닐는지!
감과 복숭아, 와인의 농익은 맛과
빛깔만큼 벌겋게
달구어진 원반의 모래판

옛 신라고도 금성을 위협했던
이서고국伊西古國
젊은 전사들 그 기백과 용맹 새삼
보는 듯 가슴 뿌듯하다
승자와 패자 없는 모두가
승자인 그들 페어플레이정신에
사람인 내가 부끄럽다

연등

바람 앞의 마음이라 했던가?

흔들리는 것 나무들뿐만 아니다
한 떨기 꽃을 피우기 위해
나무들은 얼마큼 소신공양燒身供養의
정성 들였을까
두들길수록 견고한 마음의 빗장 열며
주렁주렁 매달린 열매들 사이
힐끗힐끗 스쳐가는 바람의 뒷모습
오히려 섧다

연꽃등, 북등, 팔각모등 화려한
문양만큼 따사로운 빛과
소리들 언제쯤 스산한 내 안의 유폐지
환히 밝힐 수 있을까
저-멀리 달려오는 행렬들 사이
툭! 떨어지는 열매 하나
아하! 여기 자비慈悲의 둥근 마음
주렁주렁 매달려 있었구나!

연꽃

물안개 자욱한 신新새벽
희뿌연 하늘
열심히 떠밀어 올린다.
가끔 젖지 않고도 사는 방법
생각해 보지만
이내 과욕임을 깨닫는다.

물오리들이 휘적거린 고요
사이
바람은 이따금 광란의 춤사위,
물 때 절은 아랫도리
애써 감춘 채 한 뜸 한 뜸
당겨잡는 허공

아무리 급해도 손바닥으로
하늘 가릴 수 없는 일
오-오래 영근 여인네들 풍만한
몸, 일제히
환한 연등 내걸기 시작한다.

당산나무

언젠가부터 동구 앞 삼거리
등 굽은 노파
지팡이 짚고 서 있다
휘파람소리 같은 주문을 외며
누더기마냥 걸치고 온 숨찬 시간들
그의 몸 속 몇 바퀴쯤
나이텔 그렸는지 알 수 없지만
움푹 파인 가슴팍 주렁주렁
훈장처럼 매단 금줄을 봐 예사롭게
늙은 노파 아님을 알 수 있다

그가 지켜보는 키 낮은 지붕과
금간 토담 사이
축축이 배어나온 빗물 같은
근심걱정 말끔히 쓸어내듯 자꾸만
손사랫짓해대는
정령精靈의 가지 많은 나무

말이 씨가 된다

낙타가 바늘귀 속 들어갈 수 있다는 주장과 들어갈 수 없다는 주장 사이 실랑이 벌어졌다 전자前者는 낙타의 꼬리털 하나 꺼내들고 후자後者는 낙타의 긴 속눈썹 하나 꺼내 보인다

이십대 후반 취업준비생들인 그들 토론은 소주잔이 기울수록 더욱 뜨겁게 달아올라 좀체 식을 줄 모른다. 그 옆 입 벌린 채 연신 하품해대는 빈 소주병들과 제 몸의 열기 내뿜기에 바쁜 선풍기만 곤욕이다
몽롱해진 그들 앞 모래바람과 함께 나타난 낙타 한 마리 두 사람의 주장 모두 옳다 한다 남들이 볼 땐 바늘귀 속 아예 들어갈 생각조차 않지만 아무도 보지 않을 땐 슬며시 들어간다며 푸르르 몸 한번 털고 터벅터벅 왔던 길 되돌아간다

얼마 후 한자리 앉게 된 그들, 그중 한 사람 전자前者는 바늘구멍 비좁은 관문을 통과해 대기업 엘리트 사원으로 또 다른 한 사람 후자後者는 지금껏 빈둥빈둥 백수로 지낸다 했다 말이 씨가 된다는 말 새삼 생각난다

제 3 부

문답

– 스님과 바람

비워야 채워진다 했던가?

와 닿지 않는 참선參禪의 아득함
미처 깨닫지 못한 채
자꾸만 아랫도리 휘감기는 때 절은
장삼자락
옹골차게 들어박혀 발가락 깨무는
돌부리들 무엇이 이들을
이토록 이빨 갈게 했을까?

헐레벌떡 걸어오던 바람이 묻는다.
「스님 어디 가는 길이요」
스님 왈
「잃어버린 길 찾아 떠나는 중이요」
힐끗 아래 위 훑어보던 바람
「에끼 이 중놈아! 애를 업고도 앨 찾다니
네 놈 마음 속 길 두고
길 아닌 길 방황하다니 쯧쯧!」
황당해진 스님 화난 듯
「허구한 날 수캐마냥 싸돌아다니긴!」

스님과 바람 서로 제갈 길 떠난다

물구나무서서 보는 세상

왜 얼굴이 시뻘걸까 다닥다닥
박쥐마냥 매달린 열매들
허구한 날 열매들은 왜 거꾸로 살까
그들 눈에 비친
세상은 또 어떤 모습들일까

발바닥으로 지굴 떠받치고 선
어미나무 심정
알아차린 듯 뛰어내리고픈
호기심 포기한 채 몸집 부풀리기에
열심인 열매들

늘 같은 방향인 게들 걸음걸이
옆으로 걷는다며
비웃지 말라 그들에게 해행蟹行*은
올바른 삶의 길 하늘 떠받치고 사는
몸,
모두 하나같을 수 없는 일

하늘 한쪽 귀퉁이 환히 떠오르는
만월,

때론 거꾸로 보는 것도 세상 살아가는
방법의 하나란다

*해행: 게처럼 옆으로 걸어감

임대주택

문 밖은 아찔한 허 궁,

엇갈린 채 쌓아올린 마른 곁가지와 철사조각들 어미는 알고 있었을까? 고층일수록 안전하다는 것을 경산 청도간 25번국도 멀찍이 따라나선 송전탑, 그가 내어준 것은 주택지 저 쯤 담장높이기 혈안인 사람들 송전탑 노려본다 조금씩 나눠 먹는 게 뭐 그리 큰 죄라고 그렇게 극성일까
깍, 깍, 깍깍, 길조吉鳥란 이름 되돌려 달라며 시위하듯 줄줄이 매달린 아우성

건너 편 산 비알 와글와글 적막에 쌓인 백합공원묘지 곤한 일상日常 잊고자 불끈 채 누웠는가? 빗장 지른 방문마다 노크하듯 촘촘히 하늘 찍는 저-발자국들 온통 별밭이다

어떤 동거

– 벽시계와 나

엎치락뒤치락 밤새 불면不眠과
싸움에 지친 나를 비웃듯
빤히 내려다보며 철없이 째깍거리던
녀석
표정은 다르지만 심장의 박동
서로 같아
녀석과의 오–랜 동거同居

억새바람 별빛 쓸어안던 어느
긴–긴 겨울밤 갑자기
식은 땀 흘리며 팔다리 덜덜거리며
녀석의 멈춰버린 심장 위
덧칠하듯 무겁게 내려앉는 어둠

숫자들 먹고사는 녀석의 뱃속
습관성 알약 같은
새 건전질 끼워줬다 녀석의 둥근 얼굴
갑자기 환해지며 멈췄던
심장 째깍째깍 다시 뛰기 시작한다
그 후 녀석과의
동거는 내내 계속 되었다

누리

툭 튀어나온 눈망울 쫑긋 안테나같이
세운 두 귀
햇빛마저 시샘하던 은빛 보드라운 실크 옷에
사풋사풋 내딛는 발걸음
그 누구도 감히 넘보지 못할 혹,
전생이 어느 대갓집 첩실이었을지도 모를
요염한 눈빛과 자태

꽃과 분재에 쏟아붓던 아내의 그윽한
정성
꼬리로 웃던 그녀 만나게 될 때부터 애교 뒤
웅크린 내숭의 상처
함께 사랑했을지 모른다

산화하는 벚꽃들로 부산한 어느 봄날
뭣이 급해! 그토록 맹세하던
충성심과 애교 어쩌고 따스하게 전율되던
생동生動의 끈 사르르 놓아버린,
빛바랜 커튼 위 무겁게 드리워지는 적막
그녀의 동공 속엔 이미
낯선 세상 하나 자리 잡고 앉았다

다신 상처를 키우지 않겠다는 가슴 저민
아내 말에 갑자기
명치끝이 뜨끔 뜨끔 결려온다

*누리: 애지중지 기르던 요키란 견종인 반려동물 (폐혈증으로 사망)

수의엔 호주머니가 없다

모두들 건너기 꺼려하는 강 건너
저 편
슬그머니 손 내미는 산그늘,
놀빛가슴 펴 보인 채 출렁 출렁 말
걸어오던 강물
이제 떠날 시간 되었다는 것일까
아치형다리 하나 걸쳐 놓는다

얼룩진 일기장 속 불쑥불쑥 고개
내민 물음표들
낙타는 왜 무거운 무덤 짊어지고 다닐까
사구砂丘의 칼바람 더 이상
곱씹을 일 없는 서방정토西方淨土* 향해
구름처럼 말갛게 떠나라 한다

경전이 못된 한 그루 밑동 잘린
나무처럼 관습은
그의 옷에 호주머닐 달아주지 않았다
공수래공수거空手來空手去
빈 손으로 왔다가 빈 손으로 떠나는 길
조문객 없이 홀가분해서 좋다

*서방정토: 서방극락, 아미타불의 세계

*수의壽衣: 죽은 사람을 염습할 때에 송장에게 입히는 옷

둥근 것에 대하여

– 윤회輪廻

해와 달 둥글다고 덩달아 둥근
행성의 푸른 공 속
갇힌 우리들 숨겼던 비밀 한꺼번에
폭로되듯 까르르 쏟아지는
자루 속 콩처럼 쌍심지 켠 채
좌충우돌 나뒹군다

제 속 아낌없이 내주고도 마음은
언제나 가득하던 하늘
안 먹어도 배부른 항아리라면 누런
이빨 드러낸 채
으르렁거리지 않을 텐데!
째깍째깍 둥근 원을 그려대던 벽시계
자꾸만 곁눈질 한다

떨어지기 위해 매달린 세상 열매들
내려오라! 고함치는
중력 때문일까 세월의 둥근
열매 떨어진 자리마다 반월같이 돋아난
봉분들,
작은 우주 하나 통째로 껴안은
만삭滿朔의 어머니 같다

글씨

초등학교 2학년짜리 손주 녀석의
유난히 칸살 넓은 공책,
끙끙거리며 간 침 묻은 연필자국들 흡사
뇌졸중과 동거중인
할아버지 걸음걸이 같다

비뚤비뚤 걷다 지친 여백餘白마다
쉼표 찍어놓고
아는 길도 물어가라 했던가 아리송한
길목엔 이정표인 양
물음표도 하나씩 세워놓는다

운동장트랙 같은 빈 칸살 개미처럼
열심히 내달린 글씨들

마침표

얼룩진 일기장 위 예고 없이
내려앉은 파리 한 마리
손바닥 비비대며 빈다고 증오와
저주,
쉽게 용서될 수 없는 일

냄새나는 곳은 어디건 날아와
사생결단 핥아대는
꽤나 부지런하고 영민한 녀석들
제 몸 휘두른 검은 휘장
눈치 못 채고 거짓말같이 밀려드는
죽음,
오히려 즐거워하는 놈들

죄명은 불순물들 전파한 죄와
사람들 성가시게 한 죄,
탁! 최첨단 살생무기인 손바닥의
위력 앞 속수무책
참살당하는 한 생生의 마침표.

먼지공화국

붐비는 곳이면 어디건 끼어들며
함부로 풀썩대는 녀석들
천장과 바닥, 벽과 벽 사이 텅 빈 공간이
유일한 그들 국토
더 이상 구겨질 일없는 빨가벗은 몸
아무도 거들떠보지 않으면 어때 어차피
얼굴 없이 떠돌 유랑민들인 것을!

떠들썩한 곳이면 언제나 한바탕
그들 축제장
불결하다며 늘 내쫓기기만 하는 신세
그래도 마음껏 떠다닐
자유가 있어 행복하다는 그들
뿌옇게 흙바람 일으키는 미심쩍은 존재는
너-네 사람들 아니냐며
안주할 곳 살피는 아뜩한 몸짓들!

방심, 그리고 탈출

자신들의 참호 깊숙이 빠져든
못물들
벌거숭이 알몸인 채 벌렁
드러누워 구름들 이합집산離合集散에
이골이 난 그들

갈증 난 듯 첨벙 첨벙 뛰어드는
철부지 바람들
못물더러 둑 너머 보다
넓고 밝은 또 다른 세상 보았다며
넌지시 귀띔해준다

「수영금지」 팻말 치켜든 건장한
못 둑 눈치 살피며
묵묵히 어둠 밀어내는 숨죽인
발자국들, 털끝만한 틈새 비집고 들며
육중한 성벽 뚫기 시작한다

갑자기 불안해진 걸까 사방을
두리번거리는 물풀들
어느 날 못 밑 작은 동네 물난리 났다

제 덩치만 믿고 있던 못 둑
방심한 사이
못물들 탈출을 시작한 것이다

불면不眠

상처투성이로 비틀거리던 백인병사들을 몰아내고 개미떼 같은 흑인병사들의 긴 행렬, 사방으로 도망치던 길과 포로가 된 풍경들 잡아가두며 사람들을 무장해제武裝解除시킨다

흑과 백이 교차된 숨죽인 점령지, 거품처럼 부글대는 상상의 나래들, 욕망의 부피만큼 화려한 이슬궁전 짓다 허물고 허물다 다시 짓는…

뜬 눈의 별빛마저 지쳐버린 까칠한 밤 겹겹의 모래알 성벽 쌓던 생각의 잔해들 저-멀리 떠밀린 졸음의 파도 너머 터널 벗어나는 화물열차 목쉰 울음마냥 길게 늘어지는 괘종 시계소리 자정 지나 두 시 방향으로 나를 끌고 간다

순리

밤이 깊을수록 퍼렇게 깨어있는
강,
작은 물방울들이 모여 길이 되고
길은 흐르면서 더욱 깊은 강물 된다
산은 제 키 높이만큼
하늘 떠받던 채 살고 있다

회초리든 허공의 우렛소리 따라
바람 불지 않아도
흔들리는 암벽의 나무들,
새로운 세상 향해 몸 던지는 폭포수들
폭포는 부스러지는 제 육신의
허연 살점과 비명소릴 먹고 산다

궤도를 벗어나 살 수 없는 수많은
별자리들
바-시 해협 건너는 북두칠성 따라 서서히
몸 궁굴리는 행성의 푸른 공,
새벽 교회당의 종소리 들리지 않아도
훤히 열리는 하늘 길

습관

게으름이 생활의 전부다
덕지덕지 달라붙은
땟자국과 지울 수 없는 권태의
지문들,
고집은 버릇의 그루터기

전원 끊긴 두꺼비집마냥
그을음투성인 침묵의
몸뚱이, 목덜미 휘감는 유행의
바람
도대체 변화를 모르는 너의
정체 밝히란다

오랜 고뿔 알약 한두 알에
쉽게 물러서리란
안이한 생각 때문
패션의 눈부신 유혹에도 마음은 여전히
너덜거리는 헌옷가지

그 누구도 감히 넘볼 수 없는
유일한 신앙은
아집과 불통, 즉 습관이다

미완성

직업엔 귀천 없다며 한칼씩 살점
베어 파는 정육점 주인마냥
자연의 일부분 화폭에 담아 파는 화가란
이름의 환쟁이 생각난다
손님들이 좋아할 부위별 살점 고르려
피투성인 채 구도 속 뛰어든다

쇠잔등 같은 순한 산 하나 옮겨놓고
암소 눈같이 깊고 푸른
누선淚腺의 강 하나 방생한 후 익숙한 몸짓의
철교 하나 걸쳐 놓는다 덤으로
멧새들 울음소리와 바람소리, 야생화 진한
숨결도 빠트리지 않는다.

진열장 불빛만큼 황홀한 놀빛하늘
한 자락 내걸리는 순간
갑자기 화폭 바깥 뛰쳐나온 철마의 외마디
비명,
깜짝 놀란 건널목차단기 우뚝 막아선다.
거실 한 켠 나처럼 미완성未完成인
풍경화 한 폭 비뚜름하게 걸려있다

단풍잎 한 장

몸보다 마음이 더 상한 놀빛
잎 새 한 장
생각 없이 찝쩍대는 바람 탓일까
퍼렇게 움켜쥔 손목의 힘
맥없이 풀어지며 한순간 천 길
나락으로 떨어질…

무슨 미련 아직 남아 서녘 산
가지 끝
그렁그렁 삶을 구걸할까
내동댕이쳐져도 아플 곳 하나 없는
허깨비 같은 몸
한 점 티끌 남기지 않겠다더니
왜 이리 어혈瘀血 투성일까

산사의 먼 종소리로 안겨드는
한 가닥 외로움
어질어질 갑자기 내돌리는
현기증, 기쁘고 슬펐던 지난 얘기랑
허공에 걸어두고
이젠 떠나야 할 시간

옥편에서 만난 두 글자

뭔가 잃어버린 듯 온종일 휘젓고
다니는 바람 갑자기
새 한 마리 허공의 획으로 지워진다
내 안 깊숙한 울타리 속
슬쩍 빠져나간 한 가닥 기억 찾아
언어들의 부품으로 가득 채워진
옥편玉篇 뒤적거린다

제각기 다른 생각과 표정들로
와글대는 수많은 글자들
고깔모자에 째기 발 딛은 듯 어딘지
모르게 수척해 뵈는
빈곤할 貧빈 자와 의관을 갖춘
부티 풍기는 모습으로 의젓하게 앉은
부귀할 富부 자 만날 수 있었다

이곳 책 옥편 속에도 가진 자와
못 가진 자 분명
존재하는 것 같아 입맛 씁쓸해진다

길은 발자국들 먹고산다

아슴푸레한 기억 속 머물던
작은 길 하나
휘어진 허리만큼 허름한 담장과
빛바랜 대문짝들 화장긴 물론
액세서리 한 점 찾아 볼 수 없는 흡사
내 족적足跡의 인화지 같다

출근 길 바쁜 구두 소리와
종종걸음인 노-란
발자국들로 부산하던 그곳
가끔씩 고물장수들 확성기 소리만
침묵에 잠긴 골목 흔들어 댈 뿐
지금 이곳의
언어言語들은 부재중이다

하늘과 땅 세상 어디에도 길
아닌 길은 없다
발자국 심기 위해 떠났던
소리들 되돌아오고 허옇게 드러누운
길바닥,
뒤척일 때마다 꾸역꾸역 게워내는
길은 발자국들 먹고 산다

과열過熱

가스레인지 위 북적북적 춤추던
팥죽 깡그리 핥아먹고
완전범죄노린 듯 양은냄비까지 구워먹은
범인,
스르르 창문 열고 들어서는 마파람
한 가닥 단서라도 제공하듯
슬쩍 펼쳐 보이는 조간신문 사회면
○○모텔 3층 318호실 중년의 한 남자
복상사腹上死 했다는 기사

우-웽 우-웽 쫓고 쫓긴 다급한
소리,
한달음으로 내뻗은 소방도로 곁가지
주렁주렁 매달린 이층 양옥 한 채
단숨에 삼키고 도주로 잃어버린 듯 앙상한
뼈대와 시커먼
재 가루로 주저앉아버린 범인

혹, 단내 나는 내 몸 어딘가 과부하
걸린 것 아닐까
뚝! 뚝! 떨어지는 코피

첫 손님

– 조간신문

헐레벌떡 새벽같이 달려 온
그,
밤새 괴롭히던 불면不眠의 불청객
채 떠나기도 전
진한 체취 풍기며 반갑다는 듯
덥석 손잡는다. 어제는
주일이라 하루 쉬었다며 또다시
펴 늘어놓는 수다

「갑질과 미–투 적폐 등 온갖
악취와 어둠이
난무하는 세상, 한류니 해외파니
F–A니 천정부지 치솟는 몸값 경쟁과
물가고,
스스로 다독이던 삶의 푸른 터전
시들시들 주눅 든 채 앞지른
시간의 나이로 쓰러져야하는 민초들
항변,
한낱 딴 세상 이야긴 양 공허한
메아리로 지워질 뿐
이기利己와 이념의 골 깊은 양극화 속

연일 떠벌리는
만찬은 그들만의 성찬」

꼬릴 물고 한참을 펴 늘어놓던 그
계면쩍은 듯
돋보기안경과 더불어 슬쩍 윗목으로
물러앉으며 오히려
내 표정 읽기 시작한다

가을 그리고 동행

헤어지기 위해 만나고 만나기
위해 헤어질 뿐
서로들 행선지 묻지 않는다
혼자 떠나기엔 왠지 허전하던…
누군가 살며시 손목 잡는다

저마다 오감五感의 촉수 내밀며
떠날 채비 바쁜
깃 세운 잎들 수줍게 물들기
시작하고 끝물쯤에야 맛볼 수 있는
들판의 풍요와 허무

스쳐지는 것은 바람뿐만 아니다
오가는 길섶마다
눈시울 촉촉해지던 애증愛憎의 짠한
마음들
썰물처럼 빠진 들판 늦꽃들 몇
심지 돋운 채 마냥 흐느낀다

제 4 부

탑은 휘어지지 않는다

숨찬 산허리 둥지 튼 절집 하나
빈 집의 정적만큼
짙은 그림자 드리운 저것!
바람과 물소리, 달빛으로 어우러진
돌의 침묵

쓰러지지 않기 위해 꼿꼿이 세운
척추와 포갠 어깨
천년을 버텨선 채 한 발짝도
물러설 줄 모르는 저 무거운 마음의
빗장 열게 할 수 없을까

귀뚜리소리 달빛 물고 늘어지는
밤
염주 알 굴리는 노승의 등 뒤
쥐죽은 듯 선 불두 화佛頭花 한 그루
무엇을 얻고자
제 몸의 번뇌 털어내고 있을까

바람의 채찍에도 끄떡도 않는
금간 탑신보다
휘어진 내가 먼저 쓰러진다
탑塔은 무너질 뿐 휘어지지 않는다

중간

오남매 중 셋째 온수도
냉수도 아닌 미지근한 성격인
그
끈처럼 툭 끊어지면 처음과
끝이 될 수도 있다

나무들은 뿌리와 몸통
가지로 산다, 가장 믿음직스런
중간 즉 몸통은
쓰러지지 않기 위해 스스로를
지탱하는 중심축이다

말 많은 것 같지도 말이
적은 것 같지도 않은 그저 그런
중간,
모서리 없는 중간은
정* 맞을 염려 없어 좋다

시작도 끝도 없는 매사
늘 어정쩡하기만 하던 내 시장한
일상을 누군가

하루의 중간 정오에 옮겨다 놓는다
지금은 점심시간이다

*정: 돌에 구멍을 뚫거나 쪼기 위해 쇠로 만든 끝이 뾰족한 연장

걸레

직업엔 귀천 없다지만 3D업종인
바닥 핥는 일
누구나 할 수 있다고 말들 하지만
내키진 않을 것이다

몸 전체가 혓바닥인 천대꾸러기
수백수천 번 땀에 젖고
마르고 오장육부까지 비틀리던 막노동
손가락질해대는 선입견 때문
평생 낮은 포복자세인 삶이고보면
꾀죄죄하게 내걸린 한 장의 올 터진
타—올이 오히려 사치스럽다
부산하던 아침이 서둘러 떠난 텅 빈
방안
침묵과 더불어 주인행세 해보는
이 순간만큼 파김치 된 몸과 마음
솜털마냥 가볍다

인스턴트 식품과 진공청소기 따위에
길들여진 세상
곰삭은 김치처럼 볼품없지만 없어서는
안 될 그들 헌신적인 노동

폭포

확!
두루마리화장지가 풀린다
숱한 박수와 고함소리
푸드득! 놀란 산꿩들 솟구쳐 오르고
나무 위 청솔모들 갑자기 바빠진다
햇살들 물구나무선 채
아치형 다리 하나 걸쳐놓는다

하르르—
산벗꽃들 쏟아지고 바람이
불지 않아도
몸 흔들어대는 암벽의 나무들
꽉 막힌 내안체증 시원스레 뚫리며
빙글빙글 어지럼증 걸린
포말들 서둘러 길 떠난다

폭포는 부스러지는 제 살과 비명
소릴 먹고 산다

달팽이

굼지럭굼지럭 무거운 저 짐 좀 봐!
긴 뿔 황소처럼 내뻗고도
무엇이 두려워 제 몸 숨길 관짝 같은
집 짊어진 채
한 뼘 한 뼘 세상을 잰다

연질의 물렁한 몸만큼 순한 마음
아무도 찝쩍거리지 않을 법도 한데
이 신新새벽 바람은
무슨 일로 툭–툭 또 시빌까?
여기서 밀려 넘어지면 끝장이라며
떠밀면 밀수록 더욱 견고히 움켜잡는
과적의 짐짝

세상 복판 들어서기가 살얼음판
딛기보다 힘들다보니
신나게 날아다니는 벌과 나비들 때론
부럽기도 하지만 엎드려 사는 게
오히려 마음 편타며 꿈지럭 꿈지럭
탱크 같은 몸 옮긴다.

천상의 쿠데타

– 월식月蝕

이미 예고된 일, 거사 시간이
가까워질수록 구름들 움직임 더욱
바빠진다 희멀게진 하늘
별빛들 뿌려대기 시작하고
악화惡貨가 양화良貨를 지배하듯
그렇게 혁명은 시작된다

어둠 속 덜컹거리던 완행열차
텁텁한 실내공기와 희미한 불빛의
권태가 결국 선로를
이탈케 하고 무수한 삐라와
깃발들이 난무하는 혼돈의 시간
끝내 칠흑 속 갇혀버린다

순백의 정신도 상처로 기억되는
그가 갇힌 천상天上의 감옥
세상은 그의 생환 초조히 기다리며
쿠데타를 지켜볼 뿐이다

투신을 생각한다

모난 마음 갈고 삭이며 한세상
나뒹구는 일,
발목 잡힌 나무들보다 자유롭다며
강둑 거니는 돌멩이들

톱니바퀴 같은 권태로운 일상
이탈하고 싶었을까
풍덩! 투신投身을 생각한다 순간
아찔할까 황홀할까 아마
강물은 아무 일 없었다는 듯
서둘러 길 떠나겠지!

조용조용 물살 따라 잠행潛行의
참견 없는 세상
한 번쯤 뛰어들고픈 호기심 어찌
그들만의 생각이겠는가?

나이엔 신호등 같은 것 없을까

늘 같은 보폭으로 걷고 있는 시계바늘, 궤도를 벗어나 살 수 없는 궤도가 생명인 그들 사명은 시간을 운반하는 일, 털끝만큼 오차도 용납되지 않는 각종 수치와 그래프들 결국 삶은 잠시 보관된 한낱 기록물에 불과할 뿐

주민등록증에 표기된 숫자들의 긴 행렬 보게 되면 그들 촘촘한 틀 속 갇혀 산다는 느낌 몸속 붉은 피와 허연 살점 핥아먹고 사는 단세포 같은 숫자들 어쩌면 느슨한 내생生의 줄자인 나이 아닐까

와—와 소리치며 서있는 나무들 그들은 왜 제 속 깊숙이 나이텔 숨기고 살까 시간의 발길질에 완벽하게 구겨지는 내 육신의 나이엔 잠시 잠깐씩 쉬었다 갈 신호등 같은 것 없을까

CCTV

벽과 천장에도 눈귀 있다 했나
은행 창구서부터 빤히
내려다보던 눈망울, 쇼핑센타는 물론
목욕탕 입구까지
따라붙다 잠시 멈춰 선다

목젖까지 차오른 비릿한 물과
수증기들 한참을
희롱하듯 끌어안고 뒹굴다
탕 밖 떠밀어낸다. 개운해야 할 기분
내내 께름칙하다
자칫 한 눈 팔기라도 하면
인터넷사이트 끌려들어 한 치
오차도 없이 철저히 검색 돼 온통
난도질당할 것만 같은 생각

귀갓길, 텅 빈 아파트 승강장
몸을 숨긴 채
또다시 노려보는 눈망울
안팎을 내통하는 눈과 귀가 두렵고
그들의 은신처인
벽과 천장이 불안하다

찻잔 속 추억

구수한 온기들이 침전沈澱의
시간
스멀스멀 우려낸다
되돌릴 수 없는 세월의 덫 속
속절없이 갇혀버린…

마음도 비웠을 때 오히려
가득한 하늘 보며
깊이 모를 우리네 삶 왠지 짠하다
밥풀같이 부푼 밤 상심의
검푸른 가시들
언제나 홑겹인 내 젖은 마음
쿡 쿡 찔러댄다

그리움에 찌든 내 누추한
일기장 속
댓잎같이 서걱거리는 지난 사연
희미하게 현상된다

고장났지만 시간은 간다

삼동三冬을 흔드는 백목련 앙상한
가지 사이 우뚝 솟은 S병원
링거며 산소호흡기 등 각종기기에 매달린 채
생사의 문턱 넘나드는 본관 11층
중환자실, 하루 한 번씩 보호자 면회가
바깥 세상과 유일한 대면시간

언젠가부터 왼쪽 손목 째깍째깍
매달려 일거일동 함께 하며
일상의 스케줄 꼼꼼히 체크, 흡사 내
맥박소리 같던, 어느 날 갑자기
심장의 박동 멈춘 채 더 이상 손목에
매달려있길 거부한다

인생사 새옹지마*라 하였던가?
생로병사*와 시간의
도도한 흐름 막을 수 없듯 비록 고장
났지만 시간은 간다

*새옹지마塞翁之馬: 고사로서 인생의 길, 흉, 화, 복은 늘 바뀌어 변화가 많음을 일컫는 말

*생로병사生老病死: 중생이 한평생동안 받아야하는 4가지 고통 즉 나고, 늙고, 병들고, 죽는 일을 말하는 것

위로 흐르는 물

순리를 거스르는 일이 오히려
순리인 세상
고층빌딩의 혈관들과 광장 분수대의
물기둥들, 지하암반 숨어 다니는
광복군 같은 지하수들

엎드려 산다고 미덕美德이라
할 수 없는 일
연거푸 곰방대 빨아대던 산골 지붕
위 케이블카가 날고
칭얼거리는 계곡물소리 따라
수북수북 쌓이는 발자국들

상류를 향한 나무들 일제히
나래짓 해대고
내 안 역류하던 붉은 강물 세차게
꿈틀대며 곧추선 몸과
마음 하늘 향해 붕붕 뜬다

바위꽃

산하나 주저앉히고 남을 만큼
무겁고 경직된
네 모습 보노라면 혹,
수천 년 전 이곳으로 유배된 어느
장수의 환생 아닐는지?

계곡 훑는 물소리 바람소리에
언제나 귀앓이하던
그토록 좌선坐禪하고도 풀리지 않는
실타래 훌훌 털어버리고
어디론가
떠나고픈 심정 뉘라 모르랴!

따가운 볕살과 칼바람에도
꿈쩍 않는 그 두둑한
배짱과 뚝심 어디서 나오는 걸까
간혹 빗방울들
후두-둑 뛰어들며 노크해도
활짝 가슴 열어주던,

긴-긴 침묵의 시간 웃음꽃

씨앗, 아직껏
남아있었단 말인가? 피돌기 멈춘
굳은 심장 갑자기
꿈틀거리며 달무리처럼 환한
바윗돌의 파안대소破顔大笑

봄비

사푼사푼 잔디를 밟으며
누군가 오고 있다
라일락꽃 향긋한 향기로 어디서
어디로 가는지 몰라도
수천수만 해맑은 눈망울들

천길 머-언 여독餘毒*일랑
이제 부메랑으로
되돌려 버리고 당신의
넓은 가슴 촉촉이 안기고 싶다며
풀썩풀썩 뛰어든다

*여독; 여행에 시달려 생긴 피로나 병

빈 소주병

설렘이 잠든 하오 두 시의 풀밭,

깡그리 비워주고서야 비로소 자유로운 마음 훤히 내보인 채 벌렁 누워 허공의 풀밭 한가로이 풀을 뜯는 한 무리 양떼들과 무언無言의 대화

때론 느긋함이 더없이 부러울 때 있듯 문득 단골 구멍가게 비좁은 진열대 목구멍까지 차오르던 오기 함께 삭이며 누군가를 기다리던 동료들 안부가 궁금해진다

지나가던 떠돌이 바람들 심심찮게 찝쩍거려보지만 더 이상 내줄 것 없다며 휘파람 분다

빈 집 식구들

사립문 들어서니 비쩍 마른 강아지풀들 반갑다며 꼬리 친다
귓전 맴도는 이명耳鳴의 낯익은 소리 혹, 문지방 넘나들던 할머니가래 끓이던 소릴까? 천둥번개마저 비껴간 여기 한 세상 조용히 돌아앉아 있었구나!

이곳저곳 싸다니기에 바쁜 집배원 같은 바람, 오늘은 또 어떤 아픈 소식 전하려 왔을까? 녹슨 문고리가 잠결에 악수 청한다. 성급한 빗방울들 후두-둑 금시라도 뛰어들 것 같은 빼끔한 천장과 금간 방바닥, 마당 복판 저희 세상인 양 함부로 나뒹구는 플라스틱 바가지와 구겨진 양은 그릇

여기저기 긴장 놓아버린 것들 텅 빈 내력 이야기할 뿐 유배지 같은 뒤란, 그렁저렁 나처럼 늙어가던 감나무 한 그루 누른 잎사귀 몇 장 부적인 양 움켜쥔 채 초겨울 날씨 점친다

소화 안 되는 날

과식한 밤이 아침까지 거북스럽다

아픈 곳 덮어줄 줄 모른다며 투덜거리는 가지 잘린 가로수들 멱살 잡고 흔드는 바람, 쓰러지지 않기 위해 안간힘으로 버텨선 나무들은 언제나 불평이다 키 큰 빌딩 앞에선 슬금슬금 꽁무니 빼는 주제 괜히 어깨 힘준다며 한 발짝도 물러설 수 없다며 몸 싸움해댄다

폭주에 늘어진 전화선마냥 혼선이 끼어들며 소통이 방해되는 도로 곡예 하던 법인택시와 좌석버스 눈에 불을 켠 채 삿대질해댄다

우-우 영혼의 소리로 몰려드는 낙엽들 산자들 틈에 섞여 이승과 저승 종이 한 장 차이라며 호들갑 떤다

냉수 한 모금에 쉽게 체하는 체질들 수시로 약국 문 노크하고 막힌 도로는 두통을 호소한다

쉰내 나는 내 속 소화 덜 된 밥알들과 콩나물머리들 심하게 다투는지 꾸르륵, 우르르-그칠 줄 모르는 천둥 소리 오늘은 안팎으로 소화가 안 되는 날

차가운 우편물들

쩍–쩍 금 간 인도블록
여기 저기
함부로 나뒹구는 담배꽁초와
껌 자국들로 우중충하게
도배된 거리

계절 탓만은 아닌 것 같다
여름인데도 겨울인 양
서늘한 이곳에서 역전逆戰이란
TV 주말연속극 한 장면에
불과할 뿐
전기세며 물세 전화비 등
각종 우편물은 모두 하나같이
독촉의 으름장들뿐

한 올 햇살마저 인색한
이곳 사람들
겉은 멀쩡해 봬도 속은 모두들
으쓱으쓱
시리고 아픈 한겨울이다

어떤 초대

딱히 얼굴 내밀지 않아도
될 입장인지라
마음은 내내 찬물의 기름 돌듯
좌불안석坐不安席이다

이내 떠나오기가 머쓱해
그렇게 어정–쩡
눈치만 읽다 핫바지 방귀 새듯
슬그머니 꺼져버렸다

돌부리에 씹힌 발가락만큼
아리고 시렸지만 늘
삼동인 처지고 보면 그래도 온통
냉골만은 아닌 셈이다

풍란

시각과 후각으로 말한다
긴-긴 세월 청초한
그 자태 잃지 않고 바람이 좋아
바람 따라 살아가는 바람의
넋,
마냥 나를 설레게 한다

수천 수만 년 지탱해 온
여인네의 연약함이
오히려 사군자四君子의 높은
기상,
학처럼 고고한 그 웃음과 체취
마냥 나를 취하게 한다

촛불

곧고 순결한 만큼 글썽글썽
눈물 또한 많다
남을 위해 자알自我 버린다는 것
아무나 할 수 없는 일

바작바작 타들어가는 염원의
불빛 속
두 손 모은 어머님의 단아한 모습
새삼 만날 수 있다

어둠과 부정不淨 내치기 위해
육신을 불태우는 그들
뜨거운 희생 있었기에 세상은 더
더욱 맑고 밝다

■ 해설

균형과 구체의 힘으로 가 닿는 자기 긍정의 시학

– 조만조의 시세계

유 성 호

(문학평론가, 한양대학교 국문과 교수)

1.

원래 서정시란, 삶과 사물에 대한 시인 자신의 남다른 경험적 사유와 감각을 통해 전혀 다른 목소리를 발화하는 방법에 의해 씌어지는 예술 양식이다. 그 안에는 순간순간 흘러가는 시간을 농축한 형상과 함께 개별적 존재자로서 불가피하게 견지할 수밖에 없는 운명적 속성이 후경(後景)처럼 둘러져 있게 마련이다. 그래서 우리는 잘 씌어진 서정시를 통해 인간 보편의 실존적 조건과, 그곳에서 역설적으로 순간의 도약을 꿈꾸는 시인의 마음을 한없는 감동으로 느끼게 된다. 조만조(趙滿助) 시인의 첫 시집 『바람 소리』(모아드림, 2018)는, “느지막이 귀농한 농부의 초심으로 정성껏 수확한 한 권의 열매”(『시인의 말』)로 우리에게 다가오면서 이러한 감동을 선사한다. 그만큼 그의 이번 시집은, 오랜 세월을 지나 한결 넓은 품을 가지게 된 시인이 들려주는 심미적 성숙의 노래이다. 아닌 게 아니라 그의 시편은 오랜 기억에 잠겨 있는 시간들을 섬세하게 소환하면서, 서정시가 결국 기억과 의지를 결속하여 노래하는 양식임을 힘있게 증언한다. 그 안에는 일상적 국면을 드러내는 현실 감각은 물론, 시인 자신의 기억을 재구축해가는 시편들도 적지 않다. 이제 그 세계 안으로 천천히 들어가 보자.

2.

먼저 우리는 조만조 시인이 직접 겪은 내밀한 경험적 고백들을 들을 수 있다. 이때 그의 시는 삶의 보편적인 원리나 이법(理法)을 노래한 세계에서 한껏 벗어나, 경험적인 실감을 높이는 사례들로 줄곧 나타난다. 우리는 그가 구사하는 친밀한 언어를 통해 인간이야말로 언어가 복원해주는 기억을 통해서만 사물과 현상을 알아가게 된다는 사실을 깨닫게 된다. 우리는 언어를 통하지 않고는 어떤 의식이나 기억도 가질 수 없고 어떤 사물이나 관념도 구체화할 수 없기 때문이다. 조만조 시인의 언어는 사물의 질서를 자신의 의식 안에 구성하는 매개체로 작용하면서, 시인으로 하여금 사물의 질서에 가 닿으려는 의식을 가진 존재로 나타나게끔 해준다. 다음 작품을 한번 읽어보자.

생김새와 성격이 너무 다른
그래도 생각만큼 서로 같아
등 기댄 채 살아가는 이웃들이다

바람에 흔들리는 마음의 빗장 열며
하늘 떠받치고 선 나무들,
투항을 거부한 장수처럼 뒤엉킨 생각의
실타래 풀고 앉은
바윗돌 심드렁한 표정, 세상은 그들을
목석木石이라 한다.

알아차리지 못할 수화手話는 언제나
통역사 같은 그들
바람의 몫, 넝쿨 숲들은 말한다
삶은 팽팽한 줄 당기기라고!

건너편 강섶 산그늘에 묶인 낡은
목선마냥 한 가닥
놀빛 꿈마저 저당 잡힌 나를 사람들은
목석이라 한다.
—「목석」 전문

이 작품은 "마음의 빗장 열며/하늘 떠받치고 선 나무들"과 "뒤엉킨 생각의/실타래 풀고 앉은/바윗돌"에서 한 글자씩 따온 단어인 '목석木石'에 착안한 미학적 결실이다. 이들은 생김새나 성격은 다르지만 생각만큼은 서로 동일하여 "등 기댄 채 살아가는 이웃들"로 살아간다. 이들은 "알아차리지 못할 수화手話"를 통역하면서 그들은 "삶은 팽팽한 줄 당기기라고!" 힘있게 증언해간다. 그리고 세상은 "낡은/목선마냥 한 가닥/놀빛 꿈마저 저당 잡힌" 시인 자신을 또한 "목석木石"이라고 부르는데, 이때 '목석'은 단지 '나무와 돌'이라는 일차적인 뜻을 넘어 나무나 돌처럼 감정이 없는 사람을 비유하는 말로 훌쩍 이월해간다. 물론 여기서 나온 비유적 의미의 '목석'은, "곧고 순결한 만큼 글썽글썽"(「촛불」) 한 시인 자신의 무뚝뚝한 자화상이자, "질서정연한, 한마음 한뜻으로"(「첫눈의 기억」) 살아가는 동시대의 공동체에 대한 시인의 애정을 함의하는 상징이 아닐 수 없을 것이다. 다음은 어떠한가.

겨울 안개 밤새 와글거리던 요양원
빛 바른 창가,
꼬깃꼬깃 접은 생각 수줍은 듯 살며시
펴 보이는 백목련 꽃잎들
벌 나비 한 마리 얼씬 않음을 눈치 채곤
이내 시무룩해진다.

혹, 계절을 헷갈리기라도 한 듯
쫑긋쫑긋 귀 세운 개나리꽃들
흠뻑 비를 맞고도 젖지 않던 맑니맑은
그 정신
오늘도 뒷산 뻐꾸기소리 따라 미궁의
안개 속 헤맨다.

뭔가 찾는 듯 멍하니 창 너머로
내건 시선

그 깊고 잔잔하던 눈빛 옥갈린 칼날마냥
아들을 선상님이라 우기다
이내 화석처럼 굳어져버리는
훔쳐보듯 산 생애生涯 못내 서러운 듯
촉촉해진 속눈썹

너무 낯이 익어 오히려 낯설은
어머니의 또 다른 모습에서
평생 당신의 걸림돌이었던 나를 잠시
현상現像해본다
—「어머니의 두 얼굴 - 치매」 전문

이번의 경험적 실감은 시인의 존재론적 원적原籍이라고 할 수 있는 '어머니'에 대한 절절한 기억으로부터 온다. 시인은 어머니께서 보여주신 얼굴을 애달프게 떠올린다. "겨울 안개 밤새 와글거리던 요양원"에 계신 어머니는 "꼬깃꼬깃 접은 생각 수줍은 듯 살며시/펴 보이는 백목련 꽃잎들"처럼 벌 나비 한 마리 얼씬 않음에 쓸쓸해하신다. 혹은 "쫑긋쫑긋 귀 세운 개나리꽃들"처럼 "맑디맑은/그 정신"을 잃고 "뒷산 뻐꾸기소리 따라 미궁의/안개 속"을 헤매고 계시기도 한다. "그 깊고 잔잔하던 눈빛"이 "이내 화석처럼 굳어져버리는" 순간, "훔쳐보듯 산 생애生涯 못내 서러운" 어머니는 "너무 낯이 익어 오히려 낯설은" 모습으로 계신 것이다. 생각해보면 시인은 스스로 평생 어머니의 걸림돌이기만 했다고 회상하는데, 그렇게 "일을 분신인 양 매달고 사신 어머니"(「억새꽃」)는 "있는 듯 없는 듯 다소곳이 비껴 앉은"(「수선화 당신」) 삶으로 다가오셔서 시인으로 하여금 한없는 슬픔을 경험하게끔 하신다.

결국 조만조 시편은 삶에 대한 깊은 성찰과 궁극적 긍정에 이르는 과정을 선명하게 보여주는 사례이다. 그것이 '목석'이든 '치매'이든 시인은 가장 살가운 느낌으로 삶의 한순간을 실감 있게 복원해낸다. 그 어떤 사물이나 현상도 합리성과 효율성으로만 설명할 수 없고 어쩌면 서정시는 존재 자체와 온전하게 만나려는 의식으로 충만하다는 점에서, 조만조의 시는 그렇게 제시된 서정시의 가능성을 통해 경험적 실감과 반성적 사유를 깊이 있게 만나게 해준다. 조만조 시편은 이러한 서정시의 본질을 통해 삶의 심층에서 사물과 내면의 파동을 조감하고 담아내는 데 성공한다. 우리가 조만조 시인의 시를 읽고 느끼는 점도 이러한 의미와 가치를 알아가는 새로운 경험이라고 할 수 있을 것이다.

이제 우리는 문학조차 공공연히 상품 미학의 후광을 입고 유통되는 시대에 살고 있다. 그리고 시인들조차 문화산업의 일원임을 떳떳하게 자임하는 시대를 관통해가고 있다. 이러한 조건에서 조만조 시인이 보여주는 이러한 성찰과 긍정의 힘은 서정시의 정체성을 선명하게 확인해준다. 그 성찰과 긍정의 힘으로 구성된 조만조 시인의 시는, 우리로 하여금 삶의 아스라한 슬픔과 긍정의 힘을 경험하게끔 해주고, 존재론적 그리움을 느끼게끔 해주는 세계로 다가온다 할 것이다.

3.

서정시의 본령이랄까 중심이랄까 하는 속성은, 말할 것도 없이, 시인 스스로의 절실한 자기 확인 혹은 자기 탐구의 욕망에 있을 것이다. 그것이 나르시시즘의 구심적 차원이든 아니면 타자 지향의 원심적 차원이든, 서정시의 초점이 일종의 자기 긍정에 바탕을 두고 있음은 잘 알려진 사실이다. 물론 시인과 세계 사이의 날카로운 균열이나 불균형의 긴장을 포착하는 '반反동일성'의 미학이 최근 자주 나타나고 있지만, 그럼에도 불구하고 서정시가 가지는 근원적 자기 탐구의 열망은 사라지지 않는다. 이러한 자기 탐구라는 서정시의 편재적遍在的이고도 강력한 원리는, 시인 자신으로 하여금 자신이 지나온 시공간에서 하염없이 서성이게끔 함으로써 자신의 모습을 성찰하게 하는 힘을 부여하게 된다. 조만조 시인이 노래하는 '순리順理'와 '역리逆理'의 모습은 그러한 성찰을 가능하게 하는 매우 중요한 시적 장치가 되고 있다.

밤이 깊을수록 퍼렇게 깨어있는
강,
작은 물방울들이 모여 길이 되고
길은 흐르면서 더욱 깊은 강물 된다.
산은 제 키 높이만큼
하늘 떠받던 채 살고 있다

회초리든 허공의 우렛소리 따라
바람 불지 않아도

흔들리는 암벽의 나무들,
새로운 세상 향해 몸 던지는 폭포수들
폭포는 부스러지는 제 육신의
허연 살점과 비명소릴 먹고 산다

궤도를 벗어나 살 수 없는 수많은
별자리들
바-시 해협 건너는 북두칠성 따라 서서히
몸 궁굴리는 행성의 푸른 공,
새벽 교회당의 종소리 들리지 않아도
훤히 열리는 하늘 길
—「순리」 전문

"밤이 깊을수록 퍼렇게 깨어있는/강"은 그야말로 작은 물방울들이 모여서 길이 된 것이고, 그 길은 다시 힘차게 흐르면서 더욱 깊은 강물이 되어간다. 그런가 하면 "산"은 제 키만큼 하늘 떠받던 채 삶으로써 더없이 분명하게 스스로의 순리를 보여준다. 나아가 "암벽의 나무들"이나 "새로운 세상 향해 몸 던지는 폭포", "궤도를 벗어나 살 수 없는 수많은/별자리들"도 한결같이 자연의 거스를 수 없는 순리를 적극 표상한다. 마치 "새벽 교회당의 종소리 들리지 않아도/훤히 열리는 하늘 길"처럼 이 모든 사물이나 현상은 "우주 하나 통째로 껴안은"(「둥근 것에 대하여」) 견고하고도 불가항력적인 순리가 세계의 질서를 떠받치고 있음을 선명하게 증언한다. 이는 조만조 시인의 사유와 감각이 그러한 순리에 바탕을 두고 있음을 보여주는 확연한 실례일 것이다.

순리를 거스르는 일이 오히려
순리인 세상
고층빌딩의 혈관들과 광장 분수대의
물기둥들, 지하암반 숨어 다니는
광복군 같은 지하수들

엎드려 산다고 미덕美德이라
할 수 없는 일
연거푸 곰방대 빨아대던 산골 지붕
위 케이블카가 날고
칭얼거리는 계곡물소리 따라
수북수북 쌓이는 발자국들

상류를 향한 나무들 일제히
나래 짓 해대고
내 안 역류하던 붉은 강물 세차게
꿈틀대며 곧추선 몸과
마음 하늘 향해 붕붕 뜬다.
—「위로 흐르는 물」 전문

이번에 시인은 "순리를 거스르는 일이 오히려/순리인 세상"을 노래한다. 가령 "고층빌딩의 혈관들"과 "광장 분수대의/물기둥들", 그리고 "지하암반 숨어 다니는/광복군 같은 지하수들"들은 엎드려 사는 것이 미덕이 아니기 때문에 스스로 솟구침으로써 존재증명에 이른다. 그와 마찬가지로 " 상류를 향한 나무들"도 날개짓을 하고, 시인의 몸 안에서 역류하던 "붉은 강물"도 세차게 꿈틀대며 곧추서고 있다.

이러한 역류逆流의 역동성이 바로 '순리를 거스르는 순리' 곧 삶의 '역리'를 형상적으로 보여주는 것이다. 그렇게 조만조 시인은 "삶의 무게 나누는 일"(「못 박기」)로서의 아름다운 역류의 형상으로 "상처 없는 온전한 삶"(「동거」)을 노래해간다. 그리고 그 역리에 따르면 "침묵은 가장 단호한 외침"(「겨울나무는 지금」)이 되고, 존재의 정점이야말로 "이젠 떠나야 할 시간"(「단풍잎 한 장」)이 되는 것이다. 그렇게 조만조 시인의 역리적 상상력은 이번 시집을 두텁게 감싸안는 적극적인 포용의 원리가 되고 있는 것이다.

결국 조만조 시인은 현실 속에서는 가 닿을 수 없다고 생각하는 어떤 세계를 그려가면서, 그 세계를 순리와 역리의 균형 감각으로 걸어가고 있다. 그리고 온몸의 직접성으로 겪었던 자신의 시간에 대한 기억을 통해 그것을 수행해간다. 우리가 잘 알듯이, 기억이란 동일성의 감각에 의해 구현되는 시적 언어의 원리일 것이다. 이때 시인은 사물을 해석하고 형상화해가는 과정에서 사물의 이면에 존재하는 순리와 역리의 파동들을 세밀하게 포착한다. 그리고 그것을 순간적 기억의 형식으로 복원해내고 있는 것이다. 조만조 시인이 그러한 작업을 수행하는 곳은 사물들이 감각적 현존으로 나타나는 구체적 시공간이다. 다시 한번 조만조 시학의 균형과 중용의 지혜를 발견할 수 있는 대목이라 할 것이다.

4.

또한 우리는 조만조 시의 세계 인식을 구성하는 기본 축이 사물의 속성과 내면의 출렁임을 매개하고 통합하는 감각에 있다는 점을 강조할 수 있다. 그의 시는 형이상학적이거나 윤리적인 구심들을 비껴가면서, 그 안에 담겨 있는 구체적 감각과 율동을 장악하고 표현하는 데 매진한다. 그리고 그 안에 선명한 물질적 상상력을 개입시킴으로써 한 시대의 감각적 우화寓話에 근접해간다. 그는 다양한 상상력을 통해 오랜 시간 동안 자신의 몸 속에 축적해왔던 감각의 극점을 보여주고 있는데, 이는 사유의 추상보다는 감각의 구체를 통해 세계에 다가서려는 의지의 표명이고, 나아가 경험적 실감과 상상적 미감을 결합하여 세계를 개진하려는 욕망의 외화(外化)일 것이다. 그가 보여주는 교감의 시학이 그 대표적 사례이다.

> 새끼손가락 걸지 않아도 바람과 나무들은 미리 만날 장소와 시간 정한 걸까? 다신 휘말려들지 않을 것 같던 그들 언제나 부딪치는 소리로 만난다
>
> 유리창에 인화되던 풍경화 한 폭 불쑥 내게로 다가선다 분명 지켜야 할 어떤 약속 때문 저렇듯 분주할까 후루룩 계약을 파기하듯 갑자기 새 한 마리 빗금 친다
>
> 공휴일 같은 허공 눈여겨보게 되면 수많은 소리와 널브러진 문양들 뭔가 알아들을 수없는 주파수로 열심히들 송수신하고 있음을 알 수 있다
>
> 문득 난시청인 내 녹슨 안테나 지지 찍, 찌 직, 지지 찍, 찌직 수신되는 신호음들
>
> —「교감交感」 전문

'바람'과 '나무'의 교감 장면이 그려지고 있다. 그들은 새끼손가락 걸지 않아도 미리 만날 시공간을 정한 듯이 "언제나 부딪치는 소리"로 교감하고 있다. 그렇게 "유리창에 인화되던 풍경화 한 폭"이 다가설 때, 시인은 허공에 "수많은 소리와 널브러진 문양들"이 알아들을 수없는 주파수로 열심히 송수신하고 있음을 발견하게 된다. "문득 난시청인 내 녹슨 안테나"를 넘어 수신되는 신호음들은, 그 자체로는 자연 사물이 전해주는 어떤 울림들이겠지만, 시인은 한껏 교감을 나누는 존재자들로 그것들을 현상한다. 그러한 교감의 방식을 통해 자연 사물은 "바람과 물소리, 달빛으로 어우러진/돌의 침묵"(「탑은 휘어지지 않는다」) 같은 것을 전해주기도 하는 것이다. 이제 이번 시집의 표제작을 읽어보도록 하자.

얼굴도 몸통도 없는 익명의
방랑자,
아득히 산모롱이 돌아 들판 질러
휘–휘 휘파람 불어대며
어차피 함께할 길손들 아니냐며
툭–툭 등 떠민다

새 세상 새 삶을 향한 숨찬
질주,
나뭇가지와 깃발 흔들며 와–와
울부짖다 흐느끼다 때론
말갈기로 소문처럼 파다하던 그들
바람

분명 내 삶을 흔드는
악동들이고 동반자이다

소리는 보이지 않는 길이다
길은 흐르면서
더욱 슬픈 절규로,
앞만 보고 달리다 분명 떠날 때를
알고 사라지는
그들 바람이고 싶다
—「바람 소리」 전문

바람은 "얼굴도 몸통도 없는 익명의/방랑자"이다. 아득히 산모롱이를 돌아 들판을 질러가는 바람은 "새 세상 새 삶을 향한 숨찬/질주"로 나뭇가지와 깃발을 흔들면서 때로는 울부짖다 때로는 흐느끼다 "삶을 흔드는/악동들이고 동반자"로 존재하는 것이다. 그리고 '바람 소리'는 "보이지 않는 길"인데, 이때 시인은 자신도 떠날 때를 알고 사라져가는 바람이 되고 싶다고 노래한다. 시인이 몸 안에서 느끼는 "이명耳鳴의 낮익은 소리"(「빈 집 식구들」)나, 하염없이 "소복소복 전해지는 복음"(「첫눈의 기억」) 역시 '바람 소리'처럼 사물들의 "헌신적인 노동"(「걸레」)을 시인이 간취해낸 결과일 것이다.

이처럼 조만조 시인의 시는 사물 깊숙한 곳에서 출렁이는 감각의 물질성을 구체화하여, 그것을 사물의 존재 형식으로 이끌어 올리는 데서 착상하고 완성되는 세계이다. 원심적인 감각과 다시 그곳에 깃들이려는 구심적인 감각의 운동을 통해 한층 더 깊은 미학적 결속을 이루어가고 있다. 그 구체적 형상이 사물들의 교감 장면이나 '바람 소리'의 물리적 실감으로 번져간 것일 터이다.

5.

결국 조만조 시인의 이번 첫 시집은, 구체적인 생활적 실감과 정서의 투명성을 간직하고 있는 잔잔한 서정의 기록이라 할 것이다. 시인의 목소리는 세상에서 빛을 다하는 풍경과 내면을 절절한 언어로 담아내고 있고, 시인의 시선은 구체적 삶을 살아가는 이들을 향하면서도 궁극적으로 빛나는 자기 긍정의 힘을 발휘해간다. 또한 거기에는 연면한 시간의 운행 원리와 그 흔적이 선명한 개별성을 가진 채 존재하기도 한다. 우리는 이러한 세계를 가능케 하는 것을 일러 시간의 깊이를 드러내는 서정의 원리라 명명할 수 있을 것이다.

그래서 우리는 조만조 시인 스스로 "시인이란/초라한 모자뿐"(「나, 가진 것이라곤」)이라고 겸허하게 고백하기는 했지만, 바로 이 순간 그가 누구도 부럽지 않은 '바람 소리'의 시인으로 거듭나고 있음을 깨닫게 된다. 그때 우리는 조만조 시인이 균형과 구체의 힘으로 가 닿는 자기 긍정의 시학을 흔연하게 만나게 된다. 귀한 일이 아닐 수 없다.

이 도서의 국립중앙도서관 출판시도서목록(CIP)은 e-CIP 홈페이지
(http://www.nl.go.kr/ecip)에서 이용하실 수 있습니다.
(CIP 제어번호 : CIP2018032435)

바람 소리

2018년 10월 12일 1판 1쇄 인쇄
2018년 10월 22일 1판 1쇄 발행

지은이 | 조만조
펴낸이 | 孫貞順
펴낸곳 | 도서출판 모아드림
(우03761) 서울 서대문구 북아현로 89 버금랑빌딩 2층
전화 | 365-8111~2 팩스 | 365-8110
이메일 | morebook@naver.com
홈페이지 | www.morebook.co.kr
등록번호 | 제2-2264호(1996.10.24)

편집 | 손희, 설재원
디자인 | 전경아, 박근영
영업 | 박영민 손원대
관리 | 이용승

ISBN 978-89-5664-180-5 03810

값 10,000원